EL [illegible] RICARDO

TEXTO Y FOTOGRAFÍAS
DE
GEORGE ANCONA

SCHOLASTIC INC.
New York Toronto London Auckland Sydney

 Published by Scholastic Inc.
555 Broadway, New York, NY 10012.
Printed in the U.S.A.
ISBN 0-590-29385-0 (meets NASTA specifications)

5 6 7 8 9 10 09 01 00 99 98

Dedicado a Rigel, Shaula, Cristina y Angelita

Mi agradecimiento especial al Centro Pre-Kinder Ysleta
en El Paso, Texas; a Celia Salazar, la directora;
a Santa Peña, la maestra de Ricardo;
y a la familia de Ricardo,
porque sin ellos no hubiera realizado este libro.

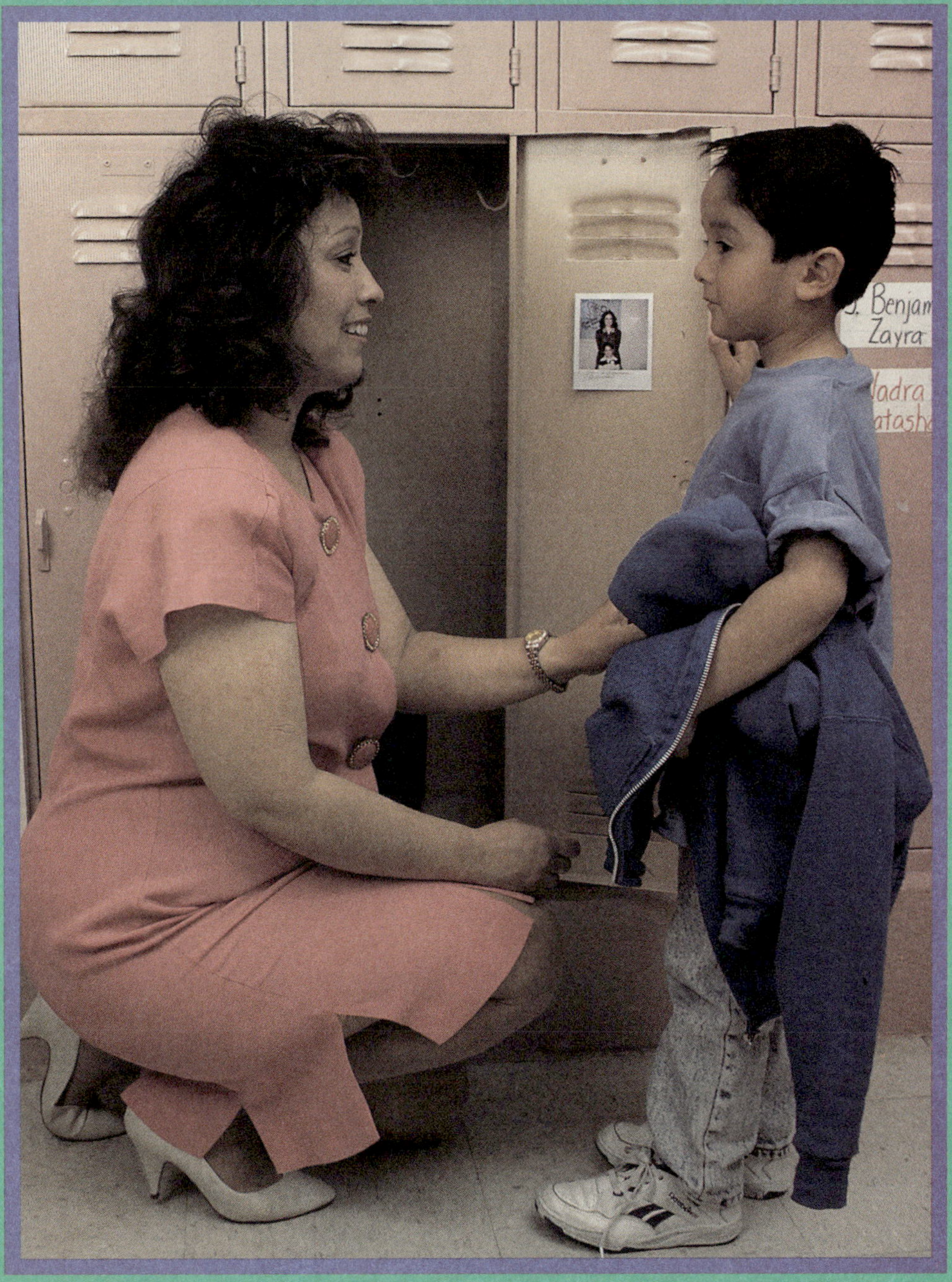

Cuando llego a la escuela,
pongo las cosas en mi cubículo.

Entonces busco a mi maestra, la Señora Peña.
Sus abrazos siempre me hacen reír.

Hoy mamá quiere quedarse
para ver el insecto que estoy haciendo.

¡Oh...! Ahora sale para el trabajo.
Nos vemos por la ventana, mami.

Extraño a mamá cuando se va.

Bueno, mejor termino mi insecto.
¡Mira, puede volar!

¡Qué ganas tengo de mostrárselo a mami!

Es la hora del desayuno de *Tito*.
Me gusta acariciarlo. Es suave.

En la escuela, también me gusta pintar,
y hacer muecas frente al espejo.

¿Ves estos insectos de juguete?
Los estoy comparando con los del libro.

Cuando miro por el microscopio se ven muy de cerca. ¡Casi parecen de verdad!

Mira que hago con la arena.

¡La puedo colar!

Allí están Aheli, Marco, Desiree y Jessica Nicole.
A mi también me gusta disfrazarme.
Pero prefiero...

… hacer música con las maracas.

Hice un edificio y le puse un cartel
que dice: *No tocar,*
para que nadie lo tumbe.

Es divertido jugar a la hora de grupo.

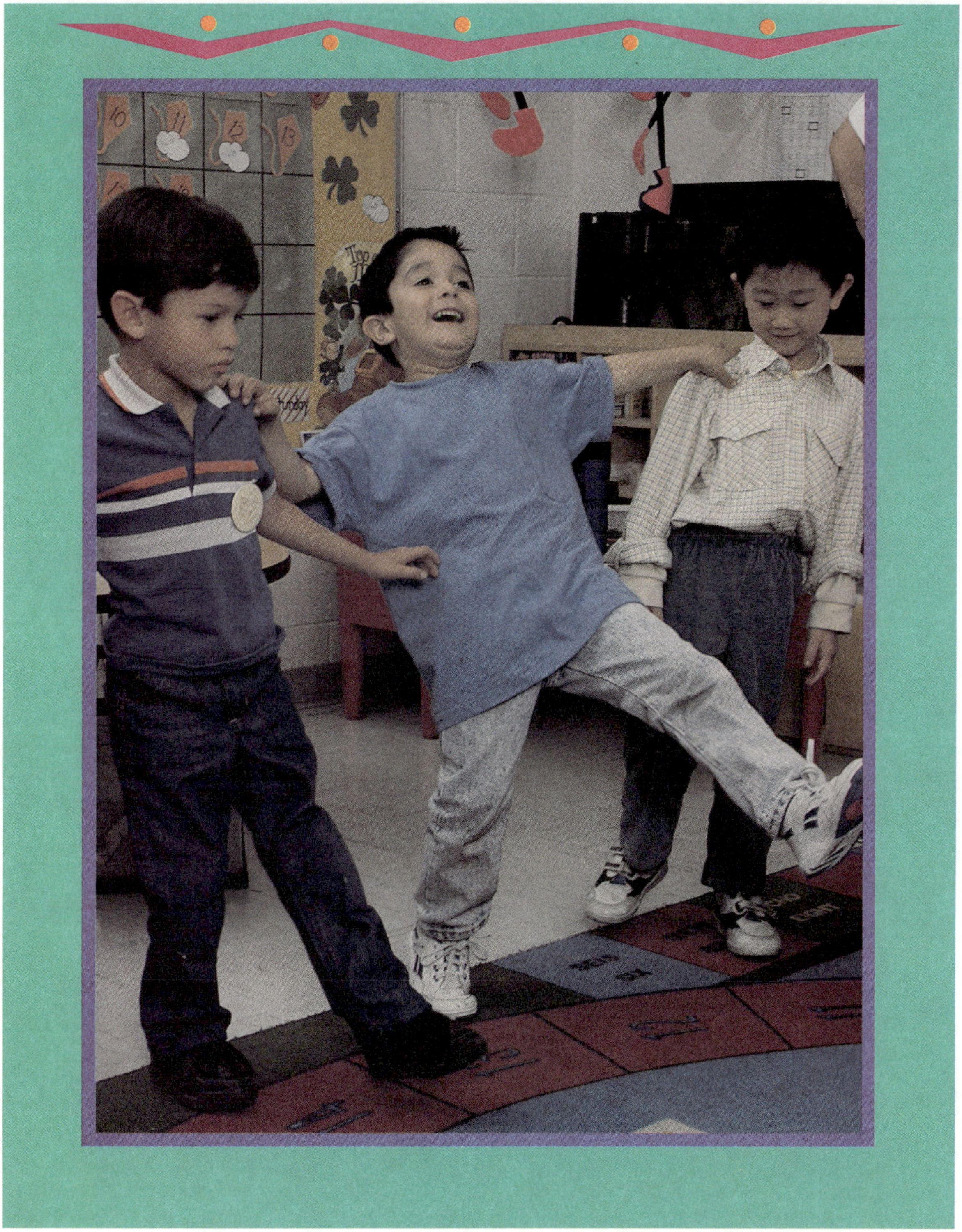

Después de cantar mi canción favorita...

… es hora de salir al patio. ¡Hurra!
¡Qué ganas tengo de subirme al columpio!

Quiero subirme, pero mis amigos no me dejan.

¡Ay...! Me lastimé la nariz.

Voy a descansar
un rato.

Estoy mejor.
¡Bravo!

Llegó la hora de la merienda.
¿Sabes qué? Hoy soy el ayudante.
Pero primero tengo que lavarme las manos.

¡Ay...! Angie derramó su jugo.

No te preocupes, yo lo limpio.

Me gusta la hora del cuento.
¡Hoy leemos un superlibro!

Allí está mi amigo Waytao.
Piensa que ese niño se parece a su hermano.

Después del cuento, me gusta leer por mi cuenta.
Ya pronto mi abuelito me vendrá a buscar.

—¿Tuviste un buen día Ricardo? A mi abuelito le gusta llamarme Ricardo. También me llaman Richard. Es lindo tener dos nombres, ¿verdad?

Ahora vamos a recoger a mami a su trabajo.
¡Qué bueno!